J'AI PAS DIT PARTEZ !

POUR TAL

ISBN 978-2-211-20888-8
Première édition dans la collection *lutin poche* : juin 2012

Loi numéro 49 956 du 16 juillet 1949 sur les publications
destinées à la jeunesse : mars 2010
Dépôt légal : juin 2012
Imprimé en France par Clerc SAS à Saint-Amand-Montrond

Audrey Poussier

J'AI PAS DIT PARTEZ !

lutin poche de l'école des loisirs
11, rue de Sèvres, Paris 6e

À VOS MARQUES !

PRÊTS...

HÉ ! J'AI PAS DIT PARTEZ !

J'AI PAS DIT PARTEZ !

J'AI PAS DIT PARTEZ !

J'AI P

T PARTEZ !

J'AI PAS DIT PARTEZ !

AS DIT PARTEZ !

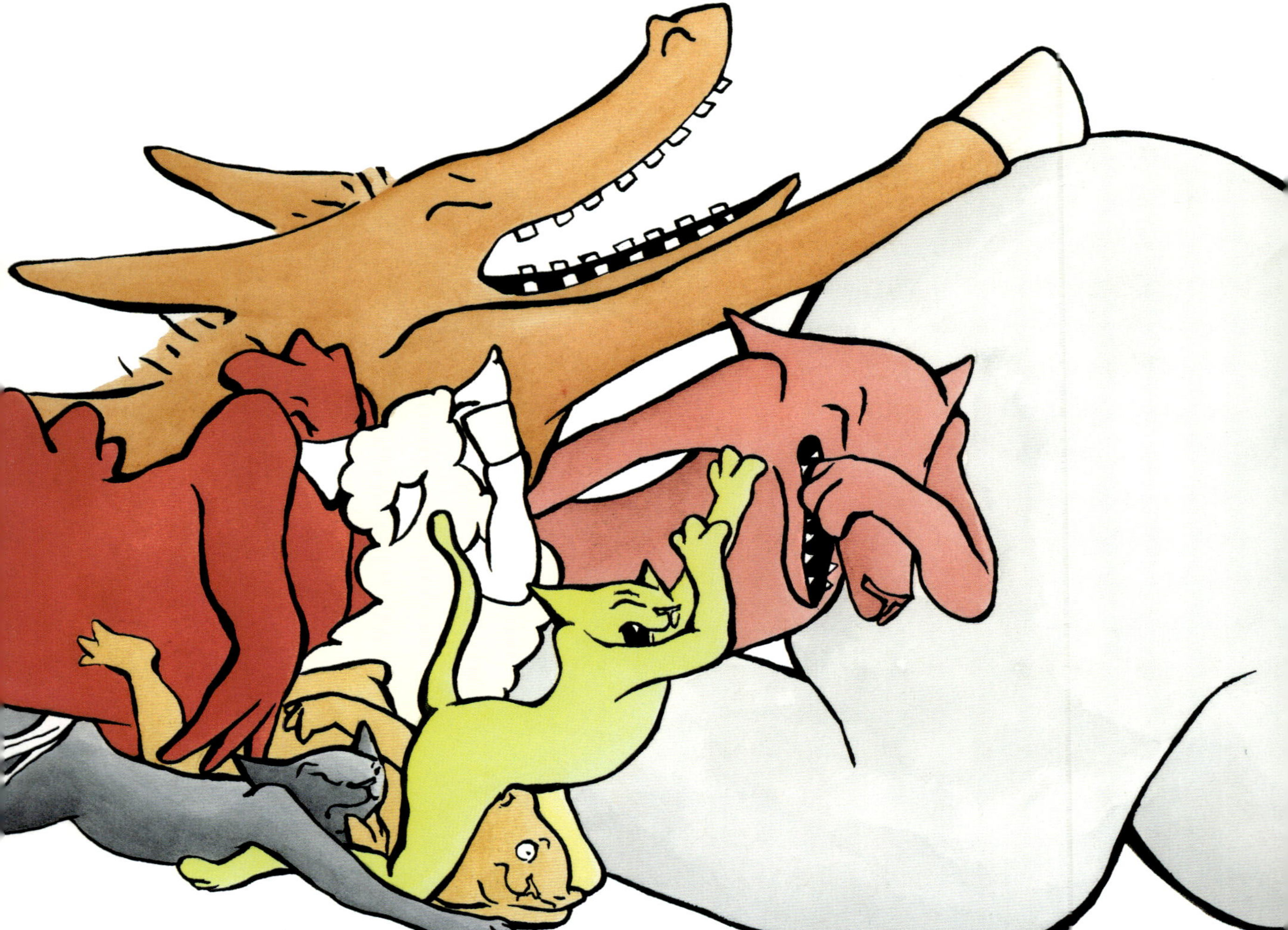

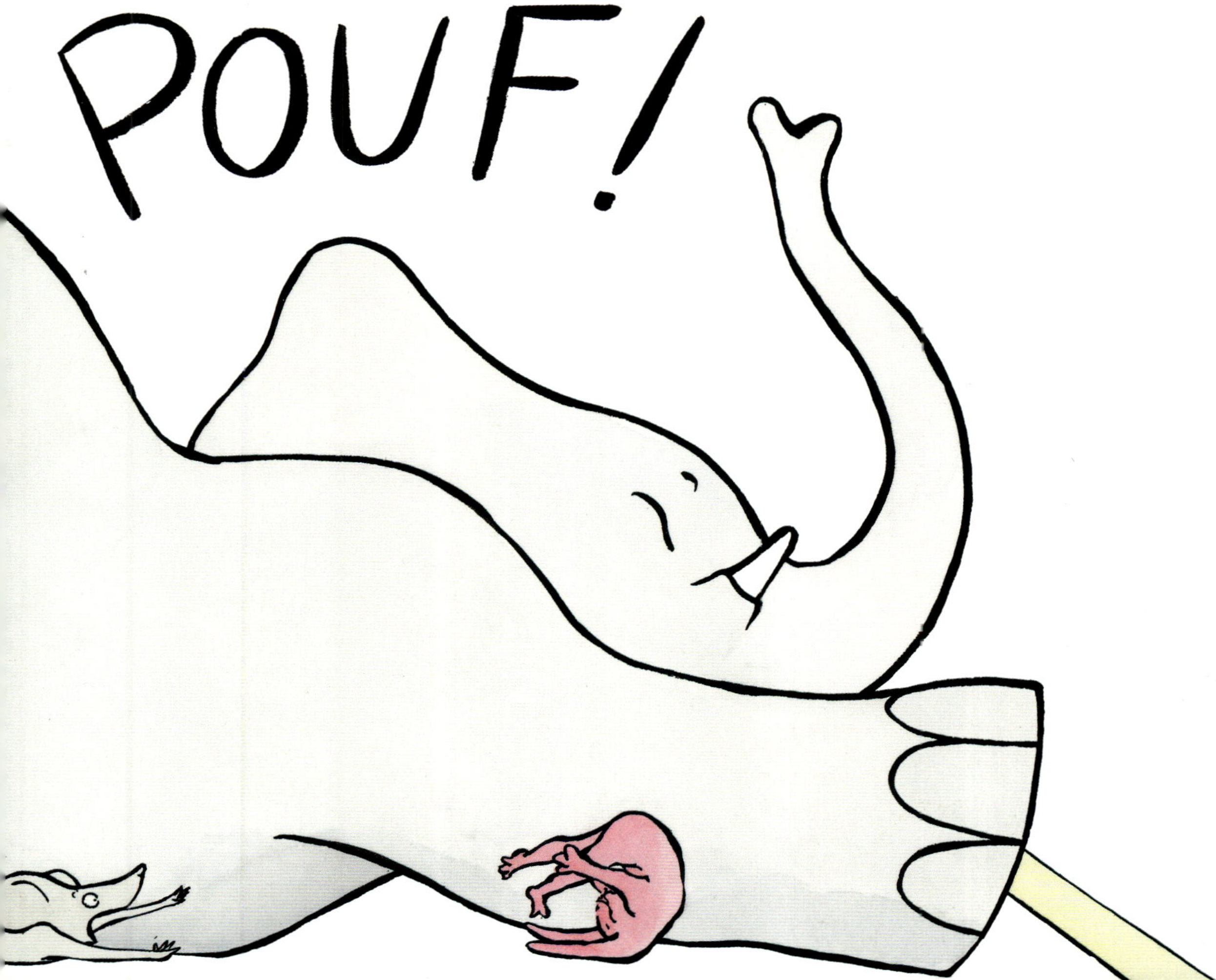
POUF!

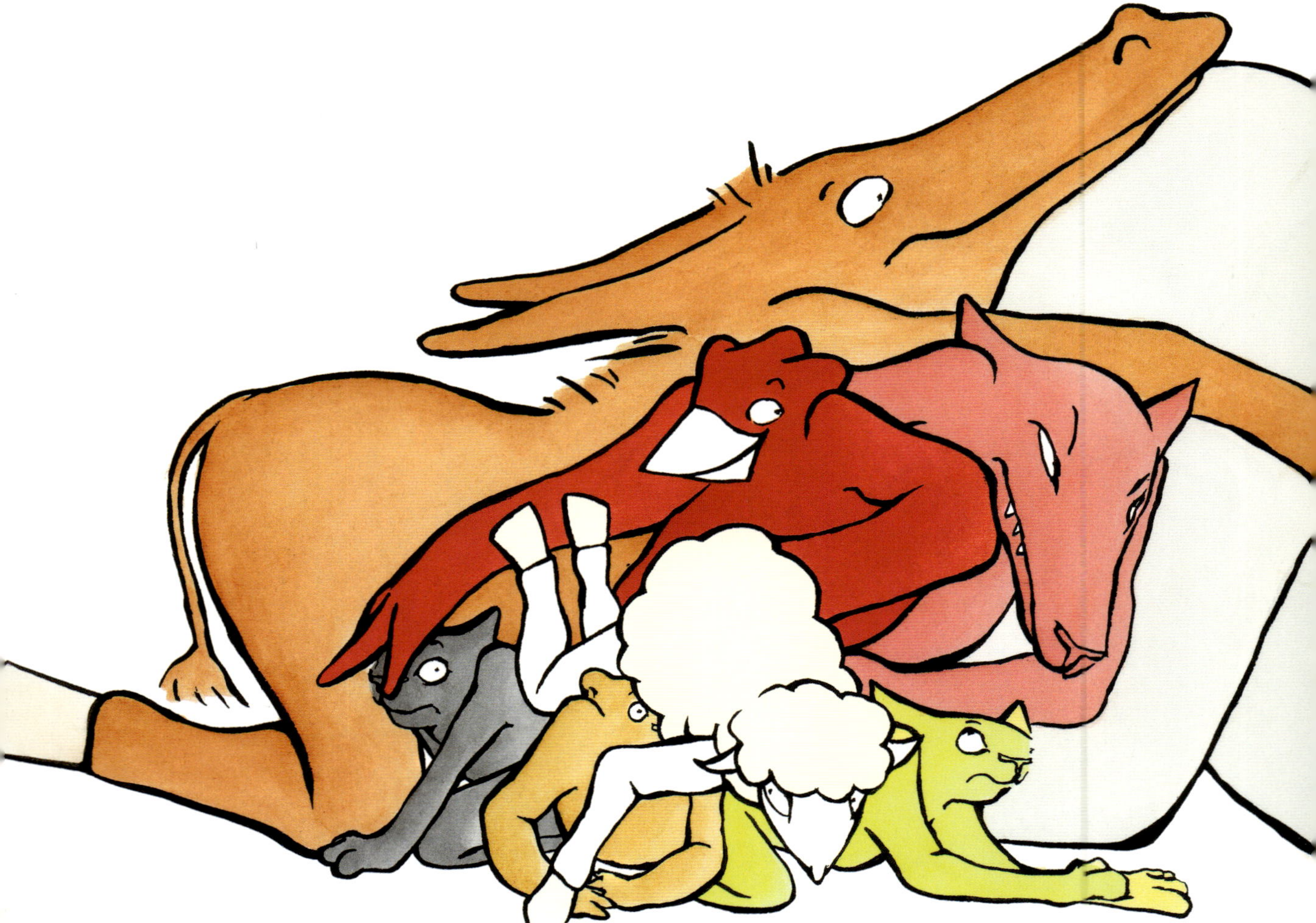

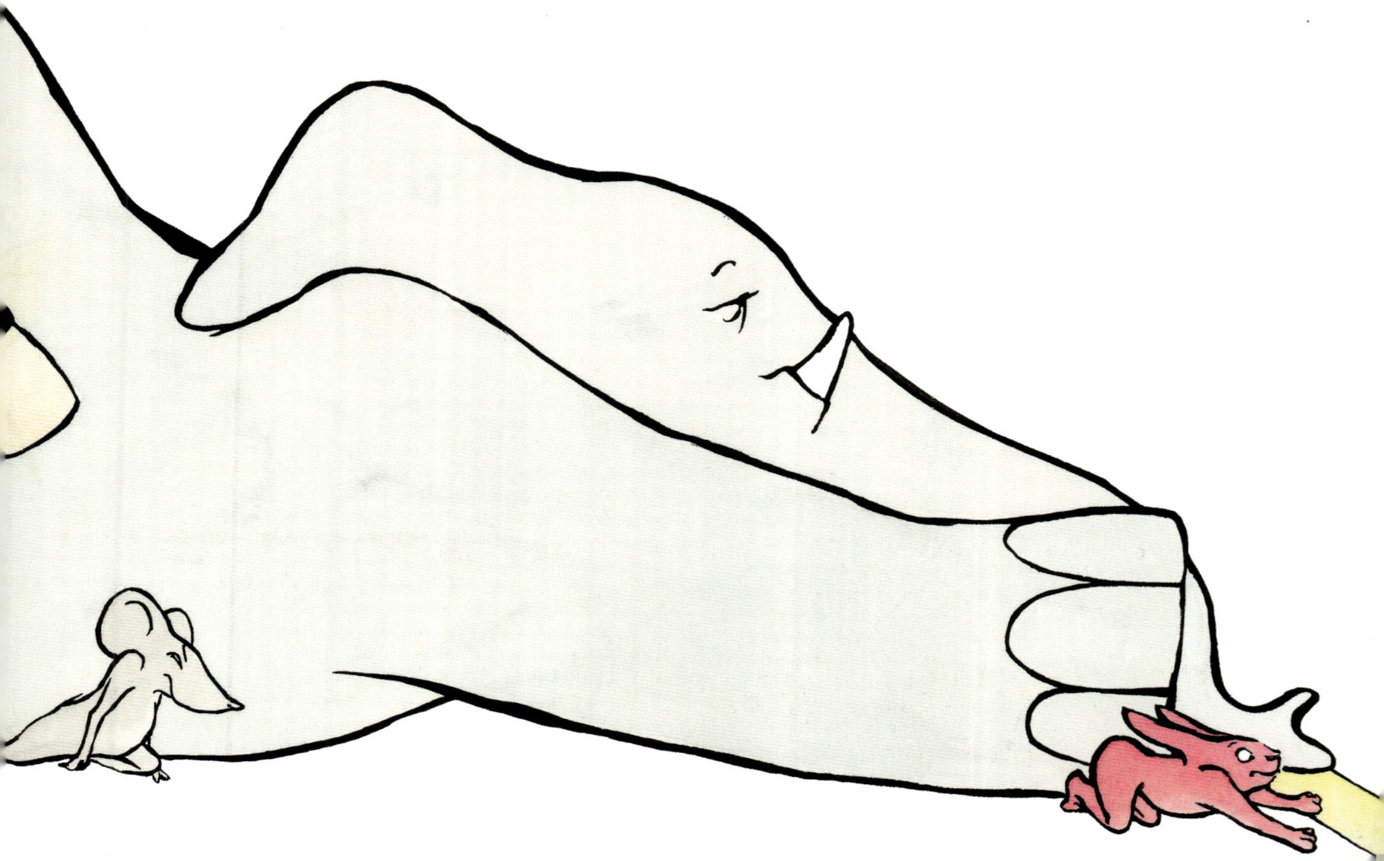

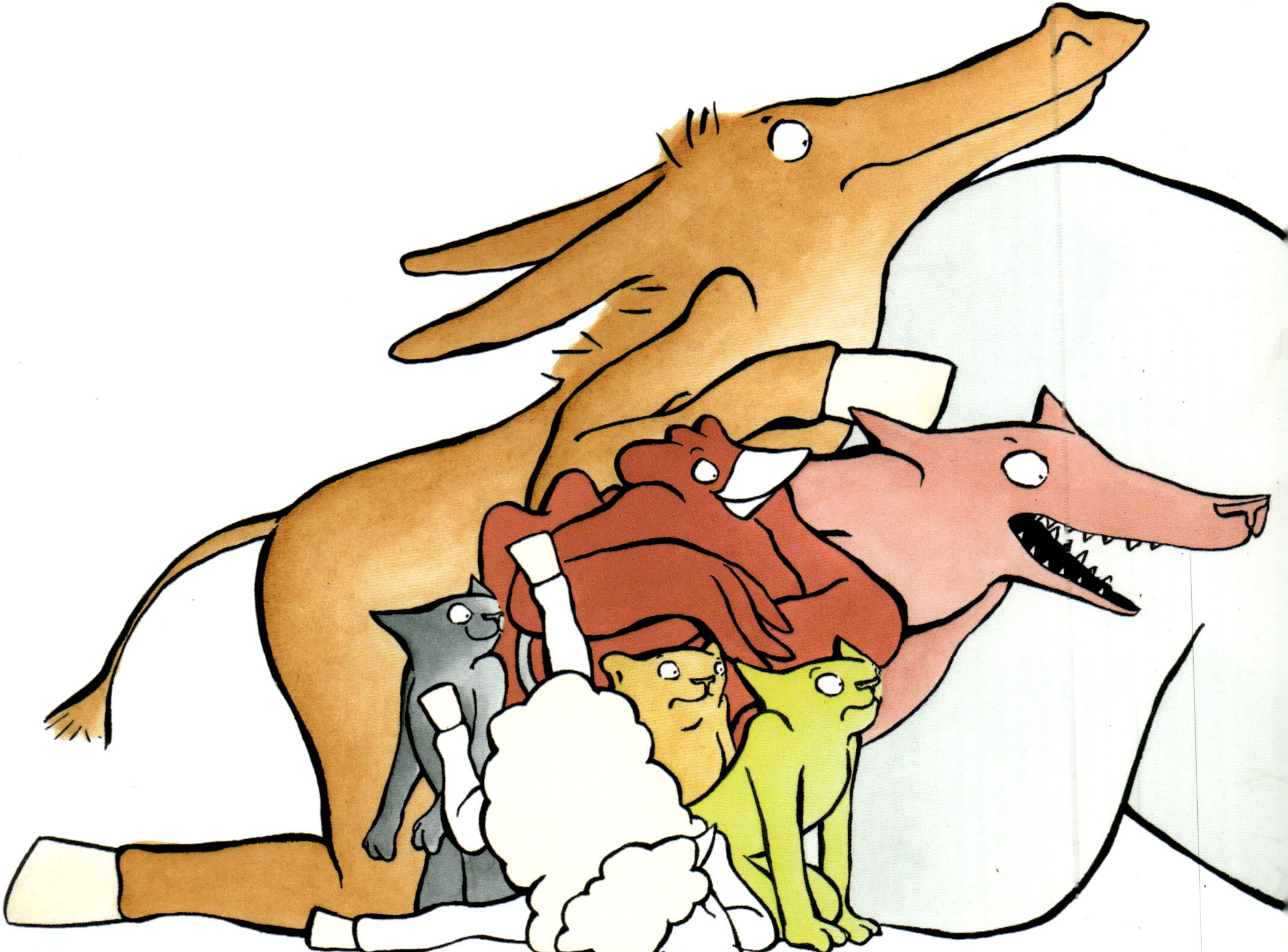

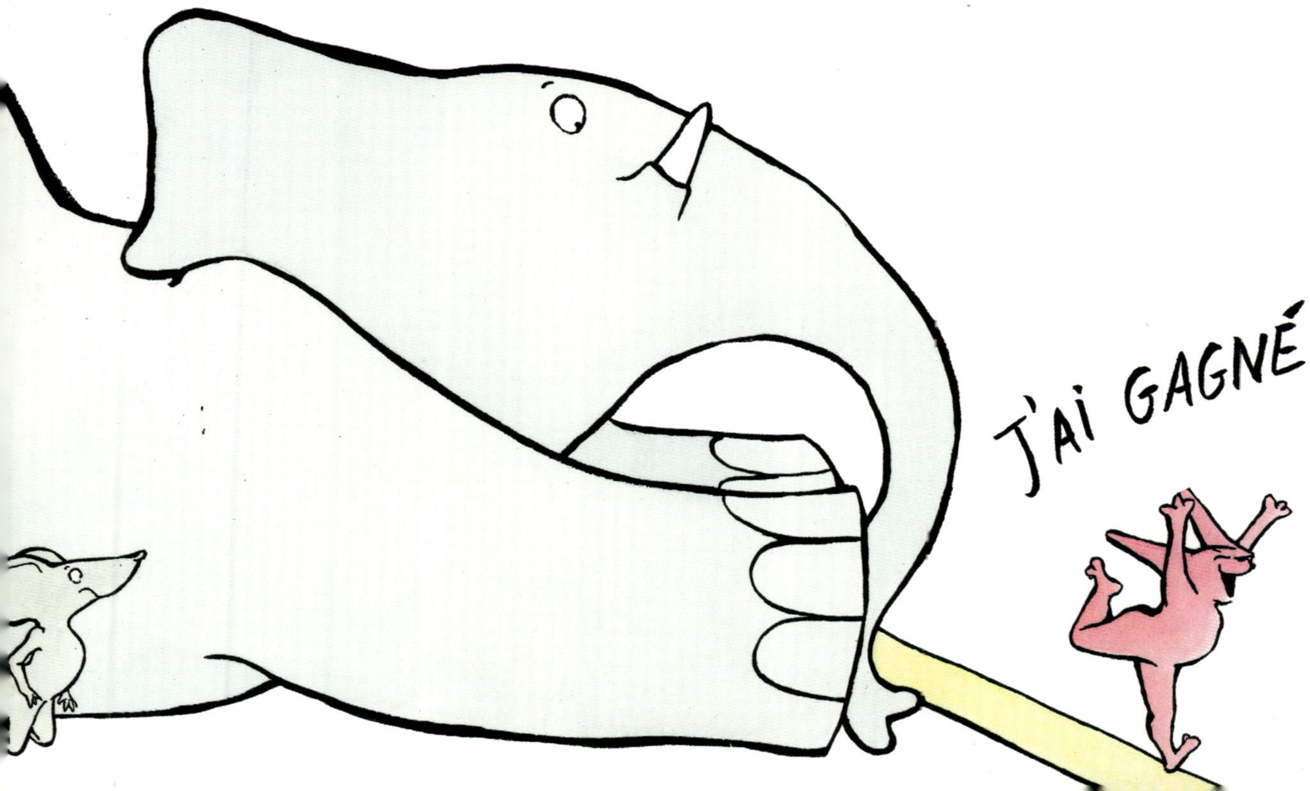
J'AI GAGNÉ !